Spaans Op Reis

Praktische Gids voor Reizigers

Daria Gałek

SPAANS OP REIS: PRAKTISCHE GIDS VOOR REIZIGERS

First edition. August 18, 2023.

Copyright © 2023 Daria Gałek.

ISBN: 979-8223593188

Written by Daria Gałek.

Inhoudsopgave

Inleiding

"Spaans Op Reis" is een praktische gids die speciaal is ontworpen voor mensen die van plan zijn om naar een Spaanssprekend land te reizen of vrij willen communiceren tijdens internationale trips. Het boek bevat handige woordenschat en zinnen die essentieel zijn in typische reissituaties. Je zult voorbeeldzinnen vinden die je helpen om de weg te vragen, een bestelling te plaatsen in een restaurant, accommodatie te boeken en nog veel meer. Het boek biedt ook praktische tips over hoe je Spaans kunt gebruiken in verschillende reissituaties, hoe je veelvoorkomende fouten kunt vermijden en hoe je zelfvertrouwen kunt opbouwen in communicatie.

"Spaans Op Reis" is een uitstekende hulp voor reizigers die de basis van de Spaanse taal onder de knie willen krijgen en zelfverzekerd willen communiceren in een Spaanstalige omgeving tijdens hun avontuur in het buitenland. Ik hoop dat dit boek nuttig voor je zal zijn en je in staat zal stellen om soepel te communiceren tijdens je reizen!

Hoofdstuk 1: Basiszinnen en Vragen

Welkom bij het eerste hoofdstuk van onze praktische gids "Spaans Op Reis"! Dit hoofdstuk is gewijd aan de belangrijkste basiszinnen en vragen die je zullen helpen om te communiceren in een Spaanstalige omgeving tijdens je reis.

Het leren van deze zinnen en vragen is essentieel, omdat ze je in staat zullen stellen om het eerste contact te leggen met lokale bewoners, obers, gidsen of andere reizigers. Met behulp hiervan zul je je zelfverzekerder voelen in een onbekende omgeving en je gemakkelijker aanpassen aan nieuwe situaties.

In dit hoofdstuk vind je basisuitdrukkingen van beleefdheid, zoals "goedendag", "alstublieft", "dank u", "sorry", die essentieel zijn tijdens dagelijkse interacties. Je leert ook hoe je jezelf kunt voorstellen en hoe je kunt vragen naar iemands naam en herkomst.

Onthoud dat het begrijpen van deze eenvoudige uitdrukkingen de eerste stap is om je open te stellen voor nieuwe culturen en onvergetelijke ervaringen op te doen tijdens je reis. Of je nu in Spanje, Mexico of een andere Spaanstalige bestemming bent, het kennen van deze zinnen zal je helpen om ten volle van je reis te genieten.

We nodigen je uit om de basiszinnen en vragen te leren en te oefenen! Klaar? *¡Vamos! (Laten we beginnen!)*

Basisvormen van hoffelijkheid en begroetingsuitdrukkingen

In de Spaanse taal bestaan er verschillende vormen van hoffelijkheid die worden gebruikt afhankelijk van de sociale context en de mate van bekendheid met de gesprekspartner. Het is de moeite waard om ze te leren kennen om respect en beleefdheid uit te drukken in verschillende situaties, zowel in interacties met vreemden als met mensen die dichtbij staan.

Het leren van deze basisvormen van hoffelijkheid en begroetingsuitdrukkingen zal je helpen om een eerste positieve indruk te maken en gemakkelijker te communiceren in een nieuwe omgeving. Onthoud dat hoffelijkheidscultuur een belangrijk element is in Spaanstalige landen, dus het is de moeite waard om deze uitdrukkingen correct te gebruiken.

1. Hoffelijkheidsvormen

In het Spaans zijn er twee belangrijke hoffelijkheidsvormen:

- "usted" - gebruikt om op een formele manier tegen één persoon te praten. Het komt overeen met "meneer" of "mevrouw" in het Nederlands.

- "ustedes" - gebruikt om op een formele manier tegen een groep mensen te praten. Het komt overeen met "u allen" in het Nederlands.

Voorbeeldzinnen:

- *¿Cómo está usted? - Hoe maakt u het?*

- *¿Qué desean ustedes? - Wat wenst u allen?*

2. Begroetingsuitdrukkingen

In het Spaans, net als in andere talen, is begroeting een belangrijk onderdeel van sociale communicatie. Met een beleefde begroeting leggen we het eerste contact met de andere persoon en tonen we respect en vriendelijkheid. In Spaanstalige landen zijn er veel uitdrukkingen die worden gebruikt op verschillende momenten van de dag en afhankelijk van de sociale context.

De meest voorkomende begroetingsuitdrukkingen zijn:

- *Hola - Hallo / Dag* (informele begroeting)

- *Buenos días - Goedemorgen* (begroeting in de ochtend)

- *Buenas tardes - Goedemiddag* (begroeting in de namiddag)

- *Buenas noches - Goedenavond / Goedenacht* (begroeting 's avonds of voor het slapengaan)

Daarnaast kun je een van de volgende uitdrukkingen gebruiken bij het begroeten:

- *¿Qué tal? - Hoe gaat het? / Hoe is het met jou?*

- *¿Cómo estás? - Hoe gaat het met jou?*

- *¿Cómo te va? - Hoe gaat het met je?*

- *¿Cómo andas? - Hoe gaat het met je?*

- *¿Qué pasa? - Wat is er aan de hand? / Wat gebeurt er?*

- ¿Cómo has estado? - Hoe gaat het met jou? (formeler)

- ¿Cómo le va? - Hoe gaat het met u? (beleefde manier om te praten met een oudere persoon of een onbekende persoon)

3. Zich voorstellen

Het gebruik van de juiste beleefdheidsvormen bij het voorstellen in het Spaans is belangrijk, vooral bij zakelijke ontmoetingen, formele situaties en gesprekken met oudere mensen of autoriteiten. Passende uitdrukkingen en voornaamwoorden die worden gebruikt bij het voorstellen helpen om respect en beleefdheid naar de andere persoon uit te drukken.

Hier zijn een paar voorbeelden van hoe we ons kunnen voorstellen in het Spaans, met behoud van de beleefdheidsvormen:

- Me llamo Ana. ¿Y usted? – Ik heet Ana. En u?

Deze beleefdheidsvorm, "usted," wordt gebruikt bij oudere mensen, autoriteiten, klanten of vreemden. Het is een uiting van respect en beleefdheid.

- Soy el señor López. Mucho gusto. – Ik ben meneer López. Aangenaam.

In dit geval gebruiken we de vorm "el señor" of "la señora" (meneer/mevrouw) voor het achternaam, wat een meer formele manier van voorstellen is.

Onthoud dat bij het voorstellen in het Spaans, we de keuze hebben tussen het juiste voornaamwoord "tú" (jij) of "usted" (u) afhankelijk van de context en de situatie. In minder formele, vriendelijke situaties kunnen we de vorm "tú" gebruiken, maar in meer formele of onbekende situaties is het beter om de vorm "usted" te gebruiken.

Tijdens het voorstellen is het de moeite waard om aandacht te besteden aan beleefdheidsuitdrukkingen zoals:

- *Mucho gusto – Aangenaam*

- *Encantado/a – Aangenaam, met genoegen*

- *Agradable conocerle – Aangenaam u te ontmoeten*

Het gebruik van deze uitdrukkingen tijdens gesprekken helpt bij het creëren van een positieve indruk en het tonen van respect naar de andere persoon toe.

4. Aanspreken van andere personen

Het gebruik van juiste beleefdheidsvoornaamwoorden is cruciaal bij gesprekken met andere personen in het Spaans. Het juiste gebruik van voornaamwoorden maakt het mogelijk om respect, beleefdheid en tact te tonen in de omgang met anderen.

Hier zijn een paar voorbeelden van hoe we beleefdheidsvoornaamwoorden kunnen gebruiken in verschillende situaties:

– *¿Puedo ayudarle en algo, señor? – Kan ik u ergens mee helpen, meneer/mevrouw?*

– *¿Tienen ustedes alguna pregunta? – Heeft u enige vragen?*

– Perdone, ¿tiene usted un momento? – Excuseer me, heeft u een moment?

– ¿Cómo se encuentra, señor Martínez? – Hoe maakt u het, meneer Martínez?

5. Gesprek beëindigen

Bij het beëindigen van een gesprek gebruiken we beleefdheidsuitdrukkingen om dankbaarheid uit te drukken of afscheid te nemen. Het juiste gebruik van deze uitdrukkingen kan een positieve indruk achterlaten bij onze gesprekspartners. Hier zijn een paar eenvoudige uitdrukkingen die je kunnen helpen om een gesprek op een beleefde manier af te sluiten:

– ¡Gracias! – Bedankt!

– Que tenga un buen día. – Fijne dag.

– Adiós. – Vaarwel.

– Hasta la próxima. – Tot de volgende keer.

– Muchas gracias por su ayuda. – Hartelijk bedankt voor uw hulp.

– Hasta luego. – Tot ziens.

– Cuídate. – Zorg goed voor jezelf.

– Nos vemos mañana. – We zien elkaar morgen.

– ¡Buen viaje! – Goede reis!

– Hasta pronto. – Tot snel.

Vragen over naam, herkomst en reisdoel

Tijdens reizen naar Spaanstalige landen, zul je vaak contact willen leggen met de lokale bewoners. Vragen over naam, herkomst en reisdoel zijn basiscomponenten van elk gesprek. Nu leer je hoe je deze vragen beleefd kunt stellen en hoe je erop kunt reageren.

1. Vragen over naam

Om iemand naar zijn of haar naam te vragen, kun je de volgende uitdrukkingen gebruiken:

– *¿Cómo te llamas? – Wat is jouw naam?*

– *¿Cómo se llama usted? – Wat is uw naam?*

– *¿Cuál es tu nombre? – Wat is jouw naam?*

Antwoorden op deze vragen:

– *Me llamo María. – Ik heet Maria.*

– *Soy Carlos. – Ik ben Karel.*

– *Mi nombre es Ana. – Mijn naam is Anna.*

2. Vragen over herkomst

Als je wilt weten waar iemand vandaan komt, kun je de volgende vragen stellen:

– *¿De dónde eres? – Waar kom je vandaan?*

– *¿De dónde es usted? – Waar komt u vandaan?*

– *¿De qué país eres? – Uit welk land kom je?*

– *¿De dónde vienes? – Waar kom je vandaan?*

– *¿Cuál es tu nacionalidad? – Wat is jouw nationaliteit?*

– *¿En qué ciudad naciste? – In welke stad ben je geboren?*

– *¿Dónde creciste? – Waar ben je opgegroeid?*

Mogelijke antwoorden:

– *Soy de los Países Bajos. – Ik kom uit Nederland.*

– *Soy de Róterdam. – Ik kom uit Rotterdam.*

– *Vengo de Ámsterdam. – Ik kom uit Amsterdam.*

– *Mi nacionalidad es neerlandesa. – Mijn nationaliteit is Nederlands.*

– *Nací en La Haya. – Ik ben geboren in Den Haag.*

– *Crecí en Utrecht. – Ik ben opgegroeid in Utrecht.*

3. Vragen over het doel van de reis

Tijdens gesprekken met andere reizigers of bewoners kun je vragen naar het doel van hun reis. Hier zijn enkele voorbeelden van vragen:

– *¿Cuál es el propósito de tu viaje? – Wat is het doel van jouw reis? (informeel)*

– ¿Cuál es el propósito de su viaje? – Wat is het doel van uw reis? (formeel)

– ¿Para qué estás aquí? – Waarvoor ben je hier?

– ¿A qué has venido? – Waarvoor ben je gekomen?

Mogelijke antwoorden:

– Voy de vacaciones. – Ik ga op vakantie.

– Estoy aquí por negocios. – Ik ben hier voor zaken.

– Vengo a conocer la cultura local. – Ik kom om de lokale cultuur te leren kennen.

– Estoy de paso hacia otro destino. – Ik ben hier op doorreis naar een andere bestemming.

– Vamos a visitar a nuestros familiares. – We gaan onze familieleden bezoeken.

Onthoud dat het bij het stellen van deze vragen belangrijk is om beleefd en respectvol te zijn. Gebruik de juiste beleefdheidsvormen en woorden om je hoffelijkheid in het gesprek te tonen. Dankzij deze eenvoudige zinnen kun je gemakkelijk contact leggen met andere mensen tijdens je reis en meer over hen te weten komen.

Tips over uitspraak en accent

Correcte uitspraak is een sleutelonderdeel van effectieve communicatie in het Spaans. Maar voor mensen die deze taal leren, kan het een uitdaging zijn, omdat sommige klanken en accenten anders kunnen zijn dan die in hun moedertaal. Het is dus de moeite waard om de basisprincipes van de Spaanse uitspraak te begrijpen om beter met leren om te gaan.

1. Let op de uitspraak van letters

De uitspraak van letters is een sleutelonderdeel in het leren van de Spaanse taal. In de meeste gevallen worden letters duidelijk uitgesproken, wat leren en communicatie vergemakkelijkt. Er zijn echter enkele specifieke geluiden die uitdagend kunnen zijn.

Het geluid "r" en de dubbele "rr" zijn twee geluiden die vaak een uitdaging vormen voor Spaansleerlingen. De "r" wordt iets harder en geaccentueerder uitgesproken dan in het Pools. De dubbele "rr" is het zogenaamde "gerolde" geluid, dat ontstaat door de trilling van de tong tegen het gehemelte. Om deze geluiden onder de knie te krijgen, is het de moeite waard om ze voor de spiegel te oefenen en je te concentreren op nauwkeurige articulatie.

Andere letters die moeilijkheden kunnen opleveren, zijn "b" en "v", omdat ze een vergelijkbare uitspraak hebben. Beide klanken worden via de mond uitgesproken, maar "b" is explosiever, terwijl "v" zachter en voortgezet is. Het is dus de moeite waard om te leren om deze twee letters te onderscheiden om verwarring tijdens communicatie te voorkomen.

Oefeningen voor uitspraak zijn essentieel bij het leren van de Spaanse taal. Je kunt verschillende bronnen gebruiken, zoals opnames, films of audioboeken, om correcte uitspraak van woorden en zinnen te oefenen. Door regelmatige oefening zal je uitspraak steeds vloeiender en natuurlijker worden.

Onthoud dat correcte uitspraak belangrijk is voor begrip en effectieve communicatie. Naarmate je vordert in het leren van Spaans, betrek jezelf bij gesprekken met native speakers om zelfvertrouwen te krijgen en je vaardigheden te verbeteren. Wees geduldig en laat je niet ontmoedigen door uitdagingen - na verloop van tijd zal je uitspraak beter worden en zal het leren van de Spaanse taal bevredigender worden.

2. Toniciteit

Toniciteit speelt een sleutelrol in de Spaanse taal, omdat het helpt om woorden te onderscheiden en invloed heeft op de vloeiendheid en melodie van spraak. In elk woord wordt slechts één lettergreep benadrukt, terwijl de rest met minder stemgeluid wordt uitgesproken. Om woorden correct te benadrukken en vloeiendheid te behouden, is het belangrijk om enkele basisregels met betrekking tot de accentuatie te begrijpen.

In het Spaans zijn er specifieke accentuatieregels die op de meeste woorden kunnen worden toegepast. In de meeste gevallen valt de klemtoon op de voorlaatste lettergreep van een woord als het eindigt op een medeklinker, "n" of "s". Als het woord eindigt op een klinker, "e" of "o", valt de klemtoon op de laatste lettergreep.

Voorbeelden:

– Árbol (boom) – de klemtoon valt op de eerste lettergreep "Ár"

– Cárcel (gevangenis) – de klemtoon valt op de eerste lettergreep "Cár"

– Estudiante (student) – de klemtoon valt op de voorlaatste lettergreep "Es– tu– dian– te"

Bij eennlettergrepige woorden wordt de klemtoon meestal bepaald door de zinscontext. Sommige van deze woorden kunnen worden benadrukt om de betekenis van de zin te benadrukken.

Voorbeelden:

– No (nee) – benadrukt om resoluut bezwaar uit te drukken: "¡No lo hagas!" (Doe dat niet!)

– Sí (ja) – benadrukt om iets te bevestigen: "Sí, entiendo" (Ja, ik begrijp het)

Zoals in elke taal, zijn er enkele uitzonderingen op de accentuatieregels die je moet onthouden. Soms kan de klemtoon variëren afhankelijk van de vorm van het woord of de grammaticale vorm.

Regelmatige luister- en herhalingsoefeningen met woorden met verschillende klemtonen zullen je helpen bij het beheersen van de juiste uitspraak en accentuatie in het Spaans. Luister naar video's, podcasts, lees hardop en neem deel aan gesprekken met native speakers om zelfvertrouwen en vloeiendheid in communicatie te ontwikkelen. Ik moedig je aan om regelmatig te oefenen, want beheersing van de klemtoon is essentieel voor effectieve en natuurlijke communicatie in het Spaans.

3. Luister en herhaal

Het verbeteren van je uitspraak in het Spaans is essentieel voor effectieve communicatie. Om je uitspraak te verbeteren, luister je aandachtig naar opnames uit verschillende bronnen, waarbij je je richt op de accenten en intonatie. Herhaal Spaanse woorden en zinnen terwijl je probeert hun geluiden en melodie na te bootsen. Regelmatige oefening zal zichtbare resultaten opleveren en je communicatie vloeiender en zelfverzekerder maken. Geduld en doorzettingsvermogen zijn cruciaal bij het perfectioneren van je Spaanse uitspraak.

4. Oefen hardop spreken

Hardop spreken is een essentieel onderdeel van het verbeteren van je uitspraak in het Spaans. Regelmatige oefeningen zullen je helpen om vloeiender te worden en meer zelfvertrouwen te krijgen in communicatie. Richt je op het uitspreken van verschillende woorden, zinnen en dialogen om verschillende klanken en de melodie van de taal te oefenen.

Oefen alleen of met een taalpartner, en oefen je uitspraak luid en duidelijk. Je kunt educatief materiaal, audioboeken, films of tv-programma's in het Spaans gebruiken. Luister naar de uitspraak en intonatie van native speakers en probeer jezelf in de natuurlijke ritmes van de taal te plaatsen.

5. Leer de fonetiek

Het begrijpen van de fonetiek van het Spaans stelt je ook in staat om verschillen in uitspraak tussen woorden die op het eerste gezicht op elkaar lijken, te herkennen. Het is de moeite waard om naar verschillende opnames van native speakers te luisteren om je fonetische vaardigheden te verbeteren. Oefen ook het benadrukken van de juiste lettergrepen in woorden, wat belangrijk is in het Spaans, waar de klemtoon van groot belang is. Onthoud dat regelmatige oefeningen en betrokkenheid bij het leren van fonetiek aanzienlijke resultaten zullen opleveren in het verbeteren van je uitspraak en taalvloeiendheid.

6. Maak gebruik van beschikbaar studiemateriaal

Het gebruik van diverse educatieve materialen is cruciaal bij het perfectioneren van uitspraak en accent in het Spaans. Je kunt gebruik maken van taalboeken die uitspraakoefeningen en audio-opnames bevatten om vertrouwd te raken met de juiste klank van woorden. Mobiele apps met opnamemogelijkheden stellen je in staat om je voortgang bij te houden en zelfevaluatie te doen tijdens het oefenen van hardop spreken.

Bovendien helpt het luisteren naar Spaanstalige uitzendingen, zoals films, podcasts en liedjes, je oor wennen aan verschillende accenten en intonaties. Het is ook de moeite waard om gebruik te maken van online educatieve bronnen, waar je opnames kunt vinden van native speakers van het Spaans die je kunnen helpen bij het nabootsen van authentieke klanken. Vergeet niet regelmatig te oefenen, omdat regelmatige oefening de sleutel is tot vloeiend en nauwkeurig uitspreken van de Spaanse taal.

7. Oefen met een partner

Samen oefenen met een partner is een uitstekende gelegenheid om uitspraak en accent in het Spaans te verbeteren. Samen oefenen stelt jullie in staat om elkaar te ondersteunen en eventuele fouten te corrigeren. Dialoogoefeningen, rollenspellen en wederzijds stellen van vragen stellen je in staat om actief de taal te oefenen in echte communicatiesituaties. Samen Spaans spreken zal je helpen wennen aan het authentieke geluid van de taal en het aanpassen van je accent. Het is ook waardevol om taaluitwisselingen te organiseren met native speakers van het Spaans, die je waardevolle ervaring en inzicht in de cultuur en gewoonten van Spaanstalige landen zullen bieden. Samen oefenen met een partner zal je zelfvertrouwen in spreken vergroten en je communicatieve vaardigheden in verschillende situaties ontwikkelen. Onthoud dat consistentie en betrokkenheid essentieel zijn voor effectieve verbetering van uitspraak en accent.

Hoofdstuk 2: In het hotel en op de luchthaven

Tijdens je reis naar een Spaanstalig land zijn het reserveren van een hotelkamer en het inchecken ter plaatse cruciale stappen om een comfortabel verblijf te garanderen. Om deze taken te vergemakkelijken, is het handig om vertrouwd te raken met handige zinnen en uitdrukkingen die je in staat stellen om efficiënt te communiceren met het hotelpersoneel. Met behulp hiervan kun je eenvoudig een reservering maken, informatie begrijpen over kamerbeschikbaarheid en diensten, en succesvol inchecken, wat tijd bespaart en mogelijke misverstanden voorkomt. In dit hoofdstuk vind je voorbeeldzinnen en uitdrukkingen die van pas kunnen komen in deze specifieke situaties, zodat je kunt genieten van een probleemloos verblijf in een Spaanstalig hotel. *¡Disfruta de tu estancia! (Geniet van je verblijf!)*

Hotelkamer reserveren en inchecken

1. Hotelkamer reserveren

– *¿Tiene habitaciones disponibles? – Heeft u beschikbare kamers?*

– *¿Hay habitaciones para hoy? – Zijn er kamers voor vandaag?*

– *Quisiera reservar una habitación individual / doble. – Ik zou graag een eenpersoons- / tweepersoonskamer willen reserveren.*

– *¿Cuál es el precio por noche? – Wat is de prijs per nacht?*

– *¿El desayuno está incluido en el precio? – Is het ontbijt inbegrepen in de prijs?*

– *¿A qué hora es el check–in y el check–out? – Hoe laat is de check-in en check-out?*

– *¿Tienen habitaciones con vista al mar? – Heeft u kamers met uitzicht op zee?*

– *Queremos una habitación con aire acondicionado. – We willen graag een kamer met airconditioning.*

– *¿Cuánto cuesta la habitación por una semana? – Hoeveel kost de kamer voor een week?*

– *¿Aceptan tarjetas de crédito? – Accepteert u creditcards?*

– *¿Hay wifi en las habitaciones? – Is er wifi op de kamers?*

2. Inchecken in het hotel

– *Tengo una reserva a nombre de [tu nombre].* – *Ik heb een reservering op naam van [jouw naam].*

– *Aquí tiene mi pasaporte / documento de identidad.* – *Hier is mijn paspoort / identiteitsbewijs.*

– *¿Dónde está mi habitación? – Waar is mijn kamer?*

– *¿Cómo puedo llegar al ascensor / escaleras? – Hoe kom ik bij de lift / trap?*

– *¿Dónde está el ascensor? – Waar is de lift?*

– *¿A qué hora sirven el desayuno? – Hoe laat wordt het ontbijt geserveerd?*

– *No me gusta este cuarto, ¿puedo ver otro? – Ik vind deze kamer niet leuk, kan ik een andere zien?*

3. Aanvullende informatie

Tijdens een reis naar een Spaanstalig land kunnen het reserveren van een hotelkamer en het inchecken ter plaatse enige aandacht en kennis van de juiste zinnen vereisen. Het is handig om vooraf verschillende accommodatiemogelijkheden te onderzoeken en een kamer te reserveren om problemen met beschikbaarheid te voorkomen.

Bij het inchecken is het belangrijk om een identiteitsbewijs te laten zien, aangezien hotels dit vaak vereisen. Bovendien kan in sommige Spaanstalige landen een zogenaamde "tasa de turismo" (toeristenbelasting) van toepassing zijn die bij het inchecken moet worden betaald.

Vriendelijke en beleefde communicatie met het hotelpersoneel zal je verblijf aangenamer maken. Het is de moeite waard om basiszinnen en uitdrukkingen te leren die je helpen om informatie of hulp te vragen, zodat je optimaal gebruik kunt maken van de hotelfaciliteiten en van een geslaagd verblijf kunt genieten. Onthoud dat het leren van Spaans een proces is dat geduld en regelmatige oefening vereist.

Vragen over beschikbaarheid en diensten in het hotel

Tijdens je verblijf in het hotel kunnen er verschillende behoeften en vragen zijn met betrekking tot de beschikbaarheid van verschillende diensten. Hier zijn enkele nuttige zinnen die je helpen om gemakkelijk informatie te krijgen over de aangeboden diensten in het hotel:

– ¿Hay acceso a Internet Wi-Fi en las habitaciones? – Zijn er kamers met draadloos internet beschikbaar?

– ¿Tienen servicio de lavandería? – Bieden jullie wasservice aan?

– ¿A qué hora se sirve el desayuno / almuerzo / cena? – Hoe laat wordt het ontbijt / de lunch / het diner geserveerd?

– ¿Tienen servicio de habitaciones? – Bieden jullie roomservice aan?

– ¿Cuál es el horario de la piscina / gimnasio / spa? – Wat zijn de openingstijden van het zwembad / de sportschool / de spa?

– ¿Ofrecen servicio de transporte al aeropuerto? – Bieden jullie vervoer naar de luchthaven aan?

– ¿Hay aparcamiento disponible? – Is er parkeergelegenheid beschikbaar?

– ¿Tienen habitaciones para no fumadores? – Hebben jullie kamers voor niet-rokers?

– ¿Cuáles son las atracciones turísticas cercanas? – Wat zijn de *nabijgelegen toeristische attracties?*

– ¿Dónde puedo encontrar información turística? – Waar kan ik toeristische informatie vinden?

– ¿Cuál es la contraseña del wifi? – Wat is het wachtwoord voor de wifi?

Aarzel niet om vragen te stellen over alle diensten die je nodig hebt. Het hotelpersoneel is er om je te helpen en je verblijf zo comfortabel mogelijk te maken. Onthoud dat beleefde en vriendelijke communicatie met het hotelpersoneel altijd positieve resultaten oplevert.

Dienstverlening op de luchthaven en uitspraken met betrekking tot reizen

Reizen naar de luchthaven en het gebruik van luchtvaartdiensten kan soms stressvol zijn, maar met de juiste kennis van de Spaanse taal kun je gemakkelijker omgaan met alle vragen en situaties. Hier zijn enkele nuttige uitdrukkingen en uitspraken die je zullen helpen tijdens je reis.

Op het vliegveld

– *¿Dónde está la sala de embarque?* – *Waar is de gate?*

– *¿Dónde puedo facturar mi equipaje?* – *Waar kan ik mijn bagage inchecken?*

– *¿Cuál es el número de vuelo?* – *Wat is het vluchtnummer?*

– *¿A qué hora sale / llega mi vuelo?* – *Hoe laat vertrekt / arriveert mijn vlucht?*

– *¿Hay retraso en el vuelo?* – *Is er vertraging in de vlucht?*

– *¿Dónde está la puerta de salida?* – *Waar is de uitgang?*

– *¿Cuál es la puerta de salida para el vuelo a Madrid?* – *Wat is de gate voor de vlucht naar Madrid?*

Tijdens de veiligheidscontrole

– *¿Necesito mostrar mi pasaporte?* – *Moet ik mijn paspoort laten zien?*

– *¿Dónde puedo poner mis pertenencias? – Waar kan ik mijn spullen neerleggen?*

– *¿Necesito quitarme los zapatos? – Moet ik mijn schoenen uitdoen?*

– *¿Puedo llevar esta botella de agua? – Mag ik deze waterfles meenemen?*

– *¿Tengo que sacar mi computadora de la mochila? – Moet ik mijn laptop uit mijn rugzak halen?*

– *¿Cuánto tiempo llevará el proceso de seguridad? – Hoelang duurt het beveiligingsproces?*

– *¿Dónde puedo recoger mis pertenencias después del control de seguridad? – Waar kan ik mijn spullen ophalen na de veiligheidscontrole?*

3. Aan boord van het vliegtuig

– *¿Puedo tener una manta / almohada? – Mag ik een deken / kussen hebben?*

– *¿Hay opciones vegetarianas en el menú? – Zijn er vegetarische opties in het menu?*

– *¿Cuándo servirán la comida? – Wanneer wordt het eten geserveerd?*

–*¿Cuánto durará el vuelo? – Hoelang duurt de vlucht?*

– *¿A qué hora llegaremos a nuestro destino? – Hoe laat komen we aan op onze bestemming?*

– *¿Dónde están los baños? – Waar zijn de toiletten?*

– *¿Puedo tener otra bebida? – Mag ik nog een drankje hebben?*

4. Na aankomst op de bestemming

– *¿Dónde puedo recoger mi equipaje? – Waar kan ik mijn bagage ophalen?*

– *¿Hay transporte público desde el aeropuerto? – Is er openbaar vervoer vanaf de luchthaven?*

– *¿Dónde puedo encontrar un taxi? – Waar kan ik een taxi vinden?*

– *¿A qué hora cierra la oficina de alquiler de coches? – Hoe laat sluit het autoverhuurkantoor?*

– *¿Cuánto tiempo lleva llegar al centro de la ciudad desde aquí? – Hoe lang duurt het om vanaf hier naar het stadscentrum te komen?*

– *¿Puedo dejar mi equipaje en una consigna? – Kan ik mijn bagage in bewaring geven?*

– *¿Dónde está la oficina de información turística? – Waar is het toeristeninformatiekantoor?*

– *¿Cómo llego a la estación de tren desde aquí? – Hoe kom ik vanaf hier bij het treinstation?*

Onthoud dat er niets mis is met het stellen van vragen en om hulp vragen. Het luchthavenpersoneel is er om je te helpen en ervoor te zorgen dat je reis zo comfortabel mogelijk verloopt. Het oefenen van deze uitspraken zal je meer zelfvertrouwen geven en je op je gemak laten voelen tijdens het reizen naar Spaanstalige landen.

26

Hoofdstuk 3: Communicatie en Vervoer

In dit hoofdstuk zullen we ons richten op essentiële vaardigheden die je zullen helpen om moeiteloos te reizen in een Spaanstalig land. Je leert hoe je het juiste vervoermiddel kunt vinden, tickets kunt kopen en vragen kunt stellen over dienstregelingen. Je zult ook ontdekken hoe je kunt communiceren met taxichauffeurs, bus- en treinconducteurs, en praktische tips krijgen over reizen met het openbaar vervoer. Ik nodig je uit om de fascinerende wereld van communicatie en vervoer in een Spaanstalig land te ontdekken. *¡Buena suerte en tu viaje! (Veel geluk op je reis!)*

Het vinden van de juiste vervoermiddelen

Tijdens je reis in een Spaanstalig land is het belangrijk om te weten hoe je kunt vragen naar verschillende vervoermiddelen zoals bussen, taxi's en treinen, en hoe je informatie kunt krijgen over dienstregelingen en routes. Het leren van relevante uitdrukkingen zal je helpen bij een probleemloze en plezierige reis in een Spaanstalig land.

1. Vragen over bussen

– *¿Dónde puedo tomar el autobús a [bestemming]?* – *Waar kan ik de bus nemen naar [bestemming]?*

– *¿Cuándo sale el próximo autobús?* – *Wanneer vertrekt de volgende bus?*

– *¿El autobús llega al centro de la ciudad?* – *Komt de bus aan in het stadscentrum?*

– *¿Cuántas paradas hay hasta [bestemming]?* – *Hoeveel haltes zijn er tot [bestemming]?*

– *¿Cuál es la siguiente parada?* – *Wat is de volgende halte?*

– *¿Me puede indicar dónde bajar para ir al museo?* – *Kunt u mij vertellen waar ik moet uitstappen om bij het museum te komen?*

– *¿Tengo que hacer alguna escala o cambio de autobús?* – *Moet ik ergens overstappen of de bus veranderen?*

– *¿Cuánto tiempo tengo para hacer la conexión?* – *Hoeveel tijd heb* *ik om over te stappen?*

– ¿Este autobús va a [bestemming]? – Gaat deze bus naar [bestemming]?

2. Vragen over treinen

– ¿Dónde está la estación de tren? – Waar is het treinstation?

– ¿A qué hora sale el próximo tren a [bestemming]? – Hoe laat vertrekt de volgende trein naar [bestemming]?

– ¿Dónde puedo encontrar el horario de los trenes? – Waar kan ik de dienstregeling van de treinen vinden?

– ¿Cuánto tiempo lleva llegar a [bestemming] en tren? – Hoe lang duurt het om met de trein naar [bestemming] te komen?

– ¿Puedo abrir la ventana? – Mag ik het raam openen?

– Perdón, ¿esta es la vía para el tren a [bestemming]? – Sorry, is dit het perron voor de trein naar [bestemming]?

– ¿Se permite fumar en el tren? – Mag er gerookt worden in de trein?

– ¿Hay wifi en el tren? – Is er wifi in de trein?

3. Vragen over de metro

– ¿Dónde está la estación de metro más cercana? – Waar is het dichtstbijzijnde metrostation?

– ¿Cuál es la línea que va a [bestemming]? – Welke lijn gaat naar [bestemming]?

– ¿El metro llega al aeropuerto? – Komt de metro aan bij de luchthaven?

– ¿Hay conexión de metro directa a [bestemming]? – Is er een directe metroverbinding naar [bestemming]?

– ¿El metro funciona las 24 horas? – Rijdt de metro 24 uur per dag?

– ¿Podrías indicarme cuál es la salida más cercana a [bestemming]? – Kun je me vertellen welke uitgang het dichtst bij [bestemming] is?

– ¿Cuántas veces al día pasa el metro? – Hoe vaak per dag rijdt de metro?

– ¿Cuál es el último metro de regreso? – Wat is de laatste terugkeermetro?

4. Vragen over taxi's

– ¿Dónde puedo encontrar un taxi? – Waar kan ik een taxi vinden?

– ¿Cuánto cuesta un viaje en taxi a [bestemming]? – Hoeveel kost een taxirit naar [bestemming]?

– ¿Puede llevarme a [bestemming]? – Kunt u me naar [bestemming] brengen?

– Necesito ir a [bestemming]. – Ik moet naar [bestemming].

– ¿Conoce la ruta más rápida? – Weet u de snelste route?

– Perdone, tengo prisa. ¿Puede ir más rápido? – Sorry, ik heb haast.

Kunt u wat sneller rijden?

Onthoud dat het altijd de moeite waard is om met de lokale bewoners of medewerkers op stations en haltes te praten, die graag zullen helpen bij het vinden van het juiste vervoermiddel en het beantwoorden van je vragen. Het is ook handig om informatie over dienstregelingen en beschikbare routes te verzamelen, zodat je soepel en comfortabel kunt reizen tijdens je avontuur in het buitenland.

Aankoop van tickets

Tijdens het reizen in een Spaanstalig land is het belangrijk om te weten hoe je tickets voor het vervoer kunt kopen. Hier zijn enkele handige zinnen en uitspraken die je in deze situaties kunnen helpen:

– Quisiera un billete de ida y vuelta a [bestemming]. – Ik zou graag een retourticket willen naar [bestemming].

– Un billete de ida a [bestemming], por favor. – Een enkeltje naar [bestemming], alstublieft.

– ¿Cuánto cuesta un billete a [bestemming]? – Hoeveel kost een ticket naar [bestemming]?

– ¿Hay descuentos para estudiantes/personas mayores/niños? – Zijn er kortingen voor studenten/senioren/kinderen?

– ¿Este billete incluye todos los tramos del viaje? – Bevat dit ticket alle trajecten van de reis?

– ¿Hay algún descuento si compro el billete con antelación? – Is er korting als ik het ticket van tevoren koop?

– ¿Dónde está la taquilla para comprar los billetes? – Waar is het loket om tickets te kopen?

– ¿Puedo comprar los billetes en línea? – Kan ik de tickets online kopen?

– ¿Aceptan tarjetas de crédito en la taquilla? – Accepteren ze creditcards bij het loket?

*– ¿Los billetes son válidos por un día/una semana/una hora? –
Zijn de tickets geldig voor een dag/week/uur?*

*– ¿Puedo reservar los billetes por teléfono? – Kan ik de tickets
telefonisch reserveren?*

Onthoud dat het tijdens het kopen van tickets altijd belangrijk
is om je route te bevestigen en er zeker van te zijn dat je het
juiste ticket hebt voor het juiste vervoermiddel. Vraag ook naar
eventuele kortingen die beschikbaar kunnen zijn voor
verschillende passagiersgroepen.

Hoofdstuk 4: In het restaurant en café

Tijdens het reizen naar een Spaanstalig land is een van de meest plezierige ervaringen het proeven van de lokale keuken. Restaurants en cafés maken integraal deel uit van de Spaanse cultuur, waar je unieke gerechten kunt proberen en kunt genieten van aromatische koffie. In dit hoofdstuk zullen we kennismaken met handige uitdrukkingen en zinnen die je helpen om effectief maaltijden te bestellen, vragen te stellen over het menu en om de rekening en service te vragen. Bovendien zullen we leren hoe je informatie kunt krijgen over lokale specialiteiten en gebruik kunt maken van waardevol advies van de ober om onze culinaire ervaring bijzonder te maken. *¡Buen provecho! (Smakelijk!)*

Bestelling plaatsen en vragen over het menu

Tijdens het reizen in een Spaanstalig land en als je wilt eten in een restaurant, is het belangrijk dat je de basisuitdrukkingen kent die te maken hebben met het plaatsen van een bestelling en vragen over het menu. Hier zijn enkele handige zinnen die je kunnen helpen tijdens jouw culinaire avonturen:

– *¿Tiene menú del día? – Heeft u een dagmenu?*

– *¿Cuál es la especialidad de la casa? – Wat is de specialiteit van het huis?*

– *¿Qué platos vegetarianos tienen? – Welke vegetarische gerechten heeft u?*

– *Para mí, [gerechtnaam]. – Voor mij, [naam van gerecht].*

– *Quisiera [gerechtnaam], por favor. – Ik zou graag [naam van gerecht] willen, alstublieft.*

– *De primer plato, tomaré la sopa. Y de segundo plato, el pescado. – Voor het voorgerecht neem ik de soep. En voor het hoofdgerecht, de vis.*

– *¿Me puede traer la carta de vinos, por favor? – Kunt u mij alstublieft de wijnkaart brengen?*

– *Sin cebolla, por favor. – Zonder ui, alstublieft.*

– *Con papas fritas en lugar de ensalada. – Met frietjes in plaats van salade.*

– ¿Puede poner la salsa aparte? – Kunt u de saus apart serveren?

– Eso es todo, gracias. – Dat is alles, dank u.

– Nada más, gracias. – Niets meer, dank u.

Verzoeken om de rekening en service

Wanneer je klaar bent met eten in een restaurant, is het tijd om om de rekening te vragen en je bezoek af te ronden. Hier zijn enkele handige uitdrukkingen met betrekking tot het vragen om de rekening en uitdrukkingen met betrekking tot service:

– *La cuenta, por favor.* – *De rekening, alsjeblieft.*

– *¿Nos trae la cuenta, por favor?* – *Kunt u ons de rekening brengen?*

– *Queremos pagar, por favor.* – *We willen graag betalen, alsjeblieft.*

– *¿Aceptan tarjetas de crédito?* – *Accepteert u creditcards?*

– *¿Se puede pagar en efectivo?* – *Kan er contant worden betaald?*

– *¿Tienen terminal para pagos con tarjeta?* – *Heeft u een pinapparaat voor kaartbetalingen?*

– *Gracias por el servicio.* – *Bedankt voor de service.*

– *El servicio fue excelente.* – *De service was uitstekend.*

– *¿Nos puede traer una botella de agua, por favor?* – *Kunt u ons een fles water brengen, alsjeblieft?*

– *Creo que hay un error en el rachunek.* – *Ik denk dat er een fout staat in de rekening.*

– *Disculpe, no pedimos esto.* – *Excuseer, dit hebben we niet besteld.*

– *Falta un plato en el rachunek.* – *Er ontbreekt een gerecht op de rekening.*

– ¡Gracias y hasta luego! – Bedankt en tot ziens!

– ¡Ha sido una comida deliciosa! – Het was een heerlijke maaltijd!

– ¡Esperamos volver pronto! – We hopen snel terug te komen!

Hoofdstuk 5: Stad verkennen

Tijdens het reizen naar een Spaanstalig land is het verkennen van de stad een buitengewone gelegenheid om de rijke geschiedenis, cultuur en attracties te ontdekken die het te bieden heeft. In dit hoofdstuk zullen we ons richten op het ontdekken van fascinerende plaatsen door de juiste vragen te stellen over de belangrijkste toeristische attracties, om onze reis optimaal te benutten. Bovendien zullen we leren hoe we kaarten en navigatie kunnen gebruiken om gemakkelijk door de stad te navigeren en verdwalen te voorkomen. We zullen ook niet vergeten om praktische aspecten aan te pakken, zoals het vinden van openbare toiletten en andere voorzieningen, om ons comfortabel te voelen tijdens het verkennen. Laten we dus op weg gaan naar de mooiste hoeken van Spaanstalige steden en genieten van onvergetelijke ervaringen! *¡Vamonos! (Laten we beginnen!)*

Vragen over belangrijke bezienswaardigheden

Tijdens het reizen zijn niet alleen smaken belangrijk, maar ook het ontdekken van de cultuur en schoonheid van een bepaalde plaats. Hier zijn een paar handige vragen die je kunnen helpen informatie te krijgen over belangrijke bezienswaardigheden om te bezoeken:

1. Algemene vragen over toeristische attracties

– *¿Cuáles son los lugares más visitados de la ciudad? – Wat zijn de meest bezochte plaatsen in de stad?*

– *¿Qué sitios turísticos recomienda visitar aquí? – Welke toeristische plekken raadt u hier aan?*

– *¿Dónde están los principales puntos de interés? – Waar zijn de belangrijkste bezienswaardigheden?*

2. Vragen over monumenten en musea

– *¿Hay algún castillo o monumento histórico que no deba perderme? – Is er een kasteel of historisch monument dat ik niet mag missen?*

– *¿Cuál es el museo más interesante de la ciudad? – Wat is het meest interessante museum in de stad?*

– *¿Cuáles son los sitios históricos más importantes de la región? – Wat zijn de belangrijkste historische locaties in de regio?*

3. Vragen over natuur en landschappen

– *¿Dónde puedo disfrutar de las vistas panorámicas más impresionantes?* – Waar kan ik genieten van de meest indrukwekkende panoramische uitzichten?

– *¿Cuáles son los parques naturales más bonitos de la zona?* – Wat zijn de mooiste natuurparken in de omgeving?

– *¿Hay alguna playa o montaña cercana que valga la pena visitar?* – Is er een nabijgelegen strand of berg die het bezoeken waard is?

4. Vragen over culturele evenementen en festivals

– *¿Hay algún evento especial o festival que se celebre durante mi estancia?* – Is er een speciaal evenement of festival dat tijdens mijn verblijf plaatsvindt?

– *¿Cuándo y dónde puedo disfrutar de espectáculos folklóricos o conciertos locales?* – Wanneer en waar kan ik genieten van folkloristische optredens of lokale concerten?

5. Vragen over ontspanning en amusement

– *¿Cuáles son los mejores lugares para salir por la noche?* – Wat zijn de beste plekken om 's avonds uit te gaan?

– *¿Dónde puedo encontrar los restaurantes más auténticos con comida local?* – Waar kan ik de meest authentieke restaurants met lokale gerechten vinden?

– *¿Hay algún centro comercial o mercado donde pueda comprar recuerdos y souveniry?* – Is er een winkelcentrum of markt waar ik *souvenirs en geschenken kan kopen?*

Onthoud dat wanneer je vragen stelt over plaatsen om te bezoeken, je veel waardevolle tips van de lokale bevolking kunt krijgen, die de beste verborgen schatten van hun regio kennen. Geniet van het ontdekken van nieuwe plaatsen en culturen!

Tips voor het gebruik van kaarten en navigatie

Reizen in een vreemd land kan heel opwindend zijn, maar ook een uitdaging als je niet goed bekend bent met de omgeving. Hier zijn een paar handige tips die je kunnen helpen bij het gebruik van kaarten en navigatie tijdens je reis:

1. Kies de juiste kaart

Zorg ervoor dat je een actuele kaart van de regio of stad gebruikt. Je kunt een traditionele papieren kaart gebruiken of een app op je smartphone met GPS-navigatie.

2. Controleer je locatie

Het is altijd de moeite waard om te controleren waar je je op de kaart bevindt om je omgeving te kunnen begrijpen. Je kunt de kaart vergelijken met wat je in werkelijkheid ziet om er zeker van te zijn dat je de juiste richting uitgaat.

3. Markeer belangrijke oriëntatiepunten

Vind op de kaart herkenningspunten, zoals karakteristieke gebouwen, pleinen of belangrijke straten, die je helpen om gemakkelijker door de omgeving te navigeren.

4. Gebruik GPS-navigatie

Als je een app op je smartphone of een GPS-navigatiesysteem gebruikt, zorg er dan voor dat de locatiefunctie is ingeschakeld. Dit helpt je om je exacte locatie te bepalen en je route te volgen.

5. Volg stapsgewijze aanwijzingen

Bij het gebruik van GPS-navigatie is het de moeite waard om de optie voor stapsgewijze aanwijzingen te selecteren, die je van punt A naar punt B leidt met gedetailleerde aanwijzingen. In sommige gebieden kan het GPS-signaal zwak zijn, vooral in bergachtige gebieden of grote gebouwen. In dergelijke gevallen is het handig om ook een traditionele kaart als back-up te hebben.

6. Vraag om hulp

Als je twijfelt of verdwaald raakt, aarzel dan niet om de lokale bevolking om hulp te vragen. Mensen zijn vaak bereid om te helpen en kunnen je de beste route wijzen.

7. Bereid je vooraf voor

Voordat je vertrekt, controleer de route en de belangrijkste plaatsen die je wilt bezoeken. Leer de namen van straten en locaties om gemakkelijker door de omgeving te kunnen navigeren.

Het vinden van toiletten en andere openbare voorzieningen

Tijdens het reizen, of je nu in een grote stad of een kleinere plaats bent, is het belangrijk om te weten waar je toiletten en andere openbare voorzieningen kunt vinden. In grotere steden en toeristische gebieden kun je gemakkelijk openbare toiletten vinden op stations, in winkelcentra en parken. Als er geen openbare toiletten beschikbaar zijn, kun je gebruik maken van faciliteiten in cafés, restaurants of benzinestations. Zorg ervoor dat je je eigen toiletpapier meeneemt voor het geval er geen papier beschikbaar is in de openbare toiletten. Vermijd het verrichten van behoeften op openbare plaatsen, volgens lokale gebruiken en regels. Hier zijn enkele zinnen die je hierbij kunnen helpen:

– *¿Dónde está el baño más cercano?* – *Waar is het dichtstbijzijnde toilet?*

– *¿Hay baños públicos aquí?* – *Zijn er hier openbare toiletten?*

– *Disculpe, necesito ir al baño.* – *Sorry, ik moet naar het toilet.*

– *¿Dónde puedo encontrar un baño limpio?* – *Waar kan ik een schoon toilet vinden?*

– *¿Hay algún baño disponible para los clientes?* – *Zijn er toiletten beschikbaar voor klanten?*

– *¿Puede indicarme dónde están los servicios?* – *Kunt u me vertellen waar de toiletten zijn?*

– ¿Hay baños aquí cerca? – Zijn er hier in de buurt toiletten?

– Perdón, ¿dónde se encuentra el baño para discapacitados? – Excuseer me, waar is het toilet voor mensen met een handicap?

– ¿Dónde puedo lavarme las manos? – Waar kan ik mijn handen wassen?

– ¿Hay algún lugar para cambiar pañales? – Is er een plek om luiers te verschonen?

– ¿Cuánto cuesta usar el baño aquí? – Wat kost het om hier het toilet te gebruiken?

– ¿Tienen papel higiénico en el baño? – Is er toiletpapier in het toilet?

Hoofdstuk 6: Winkelen en onderhandelen

Tijdens het reizen naar Spaanstalige landen zijn winkelen en onderhandelen niet alleen een belangrijk cultureel aspect, maar ook een uitstekende gelegenheid om lokale producten en tradities te ontdekken. In dit hoofdstuk zullen we kennismaken met nuttige zinnen en tips met betrekking tot vragen over prijzen en beschikbaarheid van producten, onderhandelingsvaardigheden en informatie over openingstijden van winkels en markten. Dankzij deze vaardigheden zullen je aankopen niet alleen leuker zijn, maar zul je ook beter inzicht krijgen in de lokale handels- en communicatiecultuur. Laten we onze reis door de winkelwereld van de Spaanstalige landen beginnen! *¡Buenas compras! (Fijne aankopen!)*

Vragen over prijzen en beschikbaarheid van producten

Tijdens het reizen naar Spaanstalige landen, wil je wellicht weten over de prijzen en beschikbaarheid van verschillende producten. Hier zijn enkele nuttige zinnen die je kunnen helpen om deze informatie te vragen:

– ¿Cuánto cuesta esto? – Hoeveel kost dit?

– ¿Tienen esto en otros colores/tallas? – Hebben jullie dit in andere kleuren/matent?

– ¿Tienen descuentos especiales? – Hebben jullie speciale kortingen?

– ¿Cuánto tiempo se tarda en preparar esto? – Hoe lang duurt het om dit klaar te maken?

– ¿Tienen este producto en stock? – Hebben jullie dit product op voorraad?

– ¿Hay alguna oferta especial? – Is er een speciale aanbieding?

– ¿Aceptan tarjetas de crédito? – Accepteren jullie creditcards?

– ¿Cuál es el precio final? – Wat is de uiteindelijke prijs?

– ¿Puedo obtener un descuento si compro más de uno? – Kan ik korting krijgen als ik er meer dan één koop?

– ¿Cuál es el precio más bajo que pueden ofrecer? – Wat is de laagst mogelijke prijs die jullie kunnen bieden?

Het is de moeite waard op te merken dat prijsonderhandelingen in winkels niet zo gebruikelijk zijn als in sommige andere landen. In de meeste winkels en servicepunten zijn de prijzen vastgesteld, maar op sommige plaatsen kun je proberen om een betere deal te krijgen, vooral als je van plan bent om grotere aankopen te doen.

Wanneer we vragen stellen over prijzen en beschikbaarheid van producten, is het belangrijk om duidelijk te spreken en een vriendelijke toon te gebruiken. Op deze manier tonen we respect voor de lokale cultuur en vergroten we onze kans om nauwkeurige informatie te krijgen.

Onthoud dat het ontdekken van lokale producten en prijslijsten een fascinerende ervaring kan zijn tijdens het reizen. Met behulp van deze zinnen kun je vrijuit met lokale verkopers praten en de verscheidenheid aan aanbod ontdekken die de plaats die je bezoekt te bieden heeft.

Targeren en prijsonderhandeling

Onderhandelen over prijzen is vaak aanwezig op lokale markten, bazaars en in sommige winkels in Spaanstalige landen. Het is een belangrijk onderdeel van de winkelcultuur en kan reizigers veel voldoening brengen. Hier zijn enkele tips om effectief te onderhandelen over prijzen:

1. Begin met een voorstel

Doe een voorstel voor een lagere prijs dan wat je bereid bent te betalen. Onthoud dat je beginprijs redelijk moet zijn, maar ook ruimte moet laten voor mogelijke concessies.

2. Wees beleefd

Woorden kunnen tijdens onderhandelingen hoog oplopen, maar vergeet niet om beleefdheid en respect te tonen. Dit is belangrijk in de Spaanstalige cultuur.

3. Leer enkele nuttige zinnen

– *¿Cuál es tu mejor precio? – Wat is jouw beste prijs?*

– *¿Me puedes hacer un descuento? – Kun je me korting geven?*

– *Es demasiado caro. – Het is te duur.*

– *¿Cuál es tu último precio? – Wat is jouw laatste prijs?*

4. Wees flexibel

Probeer op een flexibele manier te onderhandelen en open te staan voor compromissen. Dit zal helpen om een gezamenlijk gunstige oplossing te vinden.

5. Vind een gemeenschappelijk punt

Richt je op het vinden van een punt waar beide partijen tevreden zijn met de uiteindelijke prijs.

6. Wees niet bang om weg te lopen

Als je geen overeenstemming kunt bereiken over de prijs, wees dan niet bang om bedankt te zeggen en weg te gaan. In sommige gevallen kan dit ervoor zorgen dat de verkoper van gedachten verandert en akkoord gaat met een lagere prijs.

7. Geniet van het spel

Onthoud dat onderhandelen een soort spel en plezier is, dus geniet ervan en houd een open geest.

Het is ook de moeite waard om te onthouden dat niet alle plaatsen en situaties prijsonderhandelingen vereisen. In sommige winkels of op markten zijn de prijzen vastgesteld en zijn onderhandelingen niet gepast. Het is altijd de moeite waard om het gedrag van de lokale bevolking te observeren en je aanpak aan te passen aan de situatie.

Onderhandelen over prijzen kan een opwindende en bevredigende ervaring zijn tijdens het reizen. Het biedt ook de mogelijkheid om de lokale cultuur en tradities beter te begrijpen. Onthoud dat het kopen van producten op lokale markten niet alleen een manier is om unieke souvenirs te verkrijgen, maar ook een kans om in contact te komen met de lokale bevolking en de authentieke schoonheid van een bepaalde plaats te ontdekken.

Vragen over openingstijden van winkels en markten

Wanneer je reist naar Spaanstalige landen, is het belangrijk om op de hoogte te zijn van de openingstijden van winkels, markten en andere handelsplaatsen. Het schema kan variëren afhankelijk van de regio en het type winkel, dus het is handig om de juiste vragen te stellen om je winkel- en verkenningstijd te plannen. Hier zijn enkele nuttige zinnen en vragen met betrekking tot openingstijden:

– *¿A qué hora abren? – Hoe laat openen jullie?*

– *¿A qué hora cierran? – Hoe laat sluiten jullie?*

– *¿A qué hora abre el mercado? – Hoe laat opent de markt?*

– *¿A qué hora cierra la tienda de souvenirs? – Hoe laat sluit de souvenirwinkel?*

– *¿Cuál es el horario de apertura? – Wat zijn de openingstijden?*

– *¿Cuál es el horario de cierre? – Wat zijn de sluitingstijden?*

– *¿Está abierto los domingos? – Is het op zondag geopend?*

Onthoud dat de openingstijden kunnen variëren afhankelijk van de dag van de week en omstandigheden, zoals feestdagen of festivals. Het is daarom altijd verstandig om de informatie te verifiëren en te controleren of de plaats die je wilt bezoeken op dat moment geopend is.

Het is ook de moeite waard om aandacht te besteden aan de

Spaanse siësta-traditie, vooral in sommige regio's. Vaak sluiten veel winkels, restaurants en andere handelsplaatsen gedurende enkele uren rond het middaguur om medewerkers en klanten de kans te geven te rusten en te ontspannen. Dit is een goede gelegenheid om zelf een pauze te nemen, van de gelegenheid gebruik te maken en te ontspannen, of om een bezoek te brengen aan een lokale markt of bazaar die bekend staat om zijn unieke producten en sfeer.

Bovendien, als je hulp nodig hebt bij het begrijpen van antwoorden op vragen over openingstijden, is het handig om basisgetallen en dagen van de week in het Spaans te leren. Dit vergemakkelijkt de communicatie en het plannen van je reisschema.

Onthoud dat flexibiliteit en bereidheid om plannen aan te passen essentieel zijn tijdens het reizen. Soms kunnen winkels of markten variabele openingstijden hebben, maar deze flexibiliteit kan leiden tot onvergetelijke ontdekkingen en avonturen tijdens je reis. Geniet van je tijd en beleef plezier aan je avontuur in Spaanstalige landen!

Hoofdstuk 7: Onverwachte situaties en hulp

Tijdens het reizen kunnen zich onverwachte situaties voordoen, ongeacht hoe goed we voorbereid zijn. Deze situaties vereisen onze aandacht en reactie. In dit hoofdstuk behandelen we onderwerpen die te maken hebben met veiligheid en gezondheid tijdens het reizen. Je leert hoe je moet omgaan met verloren bagage, hoe je hulp kunt inroepen in noodgevallen en hoe je voor je gezondheid kunt zorgen in een vreemd land. Ontdek nuttige zinnen en tips die je helpen kalm en zelfverzekerd te blijven in onverwachte situaties. *¡Prioriza tu seguridad y bienestar! (Zorg voor je veiligheid en welzijn!)*

Het melden van verloren bagage

Tijdens het reizen kunnen helaas situaties voorkomen, zoals het verlies van bagage. Het is belangrijk om te weten welke stappen je moet nemen in dergelijke gevallen en hoe je het probleem effectief kunt melden. Hier zijn een paar nuttige zinnen en tips voor het melden van verloren bagage en ongelukken:

– *¿Dónde puedo reportar un equipaje perdido?* – *Waar kan ik verloren bagage melden?*

– *He perdido mi maleta.* – *Ik ben mijn koffer kwijt.*

– *¿Cuál es el procedimiento para reportar un equipaje perdido?* – *Wat is de procedure voor het melden van verloren bagage?*

– *Necesito completar un formulario de reclamación.* – *Ik moet een schadeclaimformulier invullen.*

– *¿Pueden ayudarme a localizar mi equipaje?* – *Kunnen jullie mij helpen mijn bagage te lokaliseren?*

– *¿Cuánto tiempo suele tomar encontrar el equipaje perdido?* – *Hoe lang duurt het meestal om verloren bagage te vinden?*

In het geval van verloren bagage is het belangrijk om zo snel mogelijk contact op te nemen met de juiste autoriteiten en instanties, zoals luchthavenpersoneel. Meld de situatie en deel zoveel mogelijk informatie om het probleem op te lossen.

Het is ook belangrijk om rustig te blijven en alle noodzakelijke informatie te verstrekken, zodat de melding zo soepel mogelijk kan worden verwerkt. Volg ook de aanbevelingen en instructies van de juiste autoriteiten en medewerkers op.

Met deze tips ben je beter voorbereid op mogelijke situaties tijdens het reizen en kun je effectief omgaan met eventuele problemen. Onthoud dat veiligheid en juist handelen in elke situatie tijdens het reizen belangrijk zijn.

Het oproepen van hulp en contact opnemen met lokale hulpdiensten

Tijdens het reizen is er altijd een risico op situaties die hulp of ondersteuning van lokale hulpdiensten vereisen, of je nu in een stad of op het platteland bent. In geval van een noodsituatie of ongeval is het belangrijk om te weten hoe je de juiste hulp kunt inroepen. Hier zijn een paar nuttige zinnen en tips voor het oproepen van hulp en het contacteren van lokale hulpdiensten:

1. Het oproepen van een ambulance

– *Ha ocurrido un accidente. – Er heeft zich een ongeval voorgedaan.*

– *¿Necesito llamar a una ambulancia? – Moet ik een ambulance bellen?*

– *¡Ayuda! ¡Llamen a un médico! – Hulp! Bel een dokter!*

– *Ha habido un choque en la carretera. – Er is een botsing geweest op de weg.*

– *¿Dónde está la estación de policía más cercana? – Waar is het dichtstbijzijnde politiebureau?*

– *¿Hay un hospital cercano? – Is er een ziekenhuis in de buurt?*

– *¡Necesito una ambulancia! – Ik heb een ambulance nodig!*

– *¡Llame al número de emergencia! – Bel het noodnummer!*

– *Alguien está herido. – Iemand is gewond.*

– ¿Dónde puedo encontrar un teléfono para llamar al 112 (of het juiste noodnummer in het betreffende land)? – Waar kan ik een telefoon vinden om het nummer 112 (of het juiste noodnummer in het betreffende land) te bellen?

Het is belangrijk om te weten wat het noodnummer is in het land waar je reist, omdat dit kan variëren. Bovendien is het essentieel om rustig te blijven en duidelijk te communiceren met hulpdiensten, zodat ze de juiste assistentie kunnen bieden.

Met deze zinnen ben je beter voorbereid om hulp in te roepen en contact op te nemen met lokale hulpdiensten als dat nodig is. Onthoud dat je veiligheid en welzijn tijdens het reizen altijd prioriteit moeten hebben.

2. Contact met de politie

– ¿Dónde está la comisaría de policía más cercana? – Waar is het dichtstbijzijnde politiebureau?

– ¡Necesito reportar un robo! – Ik moet een diefstal melden!

– Ha ocurrido un incidente y necesito ayuda de la policía. – Er heeft zich een incident voorgedaan en ik heb hulp van de politie nodig.

– ¿Puede ayudarme a contactar a la policía? – Kunt u me helpen om contact op te nemen met de politie?

– ¿Cuál es el número de emergencia de la policía local? – Wat is het noodnummer van de lokale politie?

3. Het oproepen van de brandweer

– ¡Llame a los bomberos! – Bel de brandweer!

– Hay un incendio en el edificio. – Er is een brand in het gebouw.

– ¿Dónde está el hidrante más cercano? – Waar is de dichtstbijzijnde brandkraan?

– ¡Necesitamos ayuda para apagar el fuego! – We hebben hulp nodig om het vuur te blussen.

– ¿Cuál es el número de emergencia de los bomberos? – Wat is het noodnummer van de brandweer?

Bij het oproepen van hulp of contact met lokale hulpdiensten is het belangrijk om zo nauwkeurig mogelijke informatie over de situatie te verstrekken, zoals het adres, het type incident en het aantal betrokken personen, indien van toepassing. Onthoud dat tijd cruciaal is in noodsituaties, dus het is de moeite waard om vooraf vertrouwd te raken met de juiste noodnummers in het betreffende land en deze altijd bij de hand te hebben tijdens het reizen. Door adequaat en snel te handelen, kun je jezelf en anderen helpen in crisissituaties.

Gezondheid en veiligheid tijdens het reizen

Tijdens het reizen is het belangrijk om te zorgen voor je gezondheid en veiligheid, zodat je volop van de ervaringen kunt genieten. Hier zijn enkele tips met betrekking tot gezondheid en veiligheid tijdens het reizen:

1. Voorbereiden van een reisapotheek

– Neem basisgeneesmiddelen mee, zoals pijnstillers, koortswerende medicijnen, middelen tegen diarree, pleisters en ontsmettingsmiddelen.

– Controleer of je vaccinaties nodig hebt voordat je naar een bepaald land vertrekt en raadpleeg een arts bij twijfel.

2. Reisverzekering

– Sluit een reisverzekering af die de kosten van medische behandeling en eventuele medische evacuatie dekt.

– Zorg ervoor dat de verzekering alle activiteiten dekt die je van plan bent tijdens je reis, zoals extreme sporten of duiken.

3. Handhygiëne naleven

– Was regelmatig je handen met zeep en water, vooral voor het eten.

– Vermijd het drinken van niet-gekookt water en gebruik gebotteld water om te drinken.

4. Veiligheid op straat

– Wees voorzichtig op straat en vermijd gevaarlijke gebieden, vooral 's nachts.

– Bewaar altijd een kopie van je reisdocumenten bij je en laat de originele exemplaren op een veilige plek in het hotel.

5. Voorzorgsmaatregelen tijdens het reizen

– Blijf op de belangrijkste toeristische routes en vermijd onbekende, afgelegen plaatsen.

– Laat je bagage niet onbeheerd achter, vooral niet op luchthavens en treinstations.

6. Zorg voor je mentale gezondheid

– Lange reizen en veranderingen van omgeving kunnen stressvol zijn. Zorg voor voldoende rust en aandacht voor je mentale gezondheid.

– Neem de tijd voor meditatie, lezen of andere ontspannende activiteiten die je helpen ontspannen tijdens het reizen.

Onthoud dat je je gezondheid en veiligheid kunt waarborgen door je voor te bereiden op de reis en voorzorgsmaatregelen te nemen. Kennis over de plaats waar je naartoe gaat en basisvoorzorgsmaatregelen helpen je om van de reis te genieten zonder onnodige zorgen. Als dat nodig is, kun je altijd contact opnemen met lokale medische diensten of het consulaat van je land.

Hoofdstuk 8: Handige apps en bronnen

Tegenwoordig wordt reizen gemakkelijker dankzij geavanceerde technologie. In dit hoofdstuk zullen we ons richten op handige apps en bronnen die je kunnen helpen tijdens je reis naar Spaanssprekende landen. Je zult verschillende apps leren kennen om Spaans te leren, waarmee je kunt communiceren en je verstaanbaar kunt maken in een vreemd land. Je leert ook praktische websites en gidsen kennen die waardevolle informatie bieden over plaatsen om te bezoeken, cultuur en tradities in de regio. Daarnaast zul je offline woordenboeken en vertaalapps voor je telefoon ontdekken, die onmisbaar zullen zijn als je geen toegang hebt tot internet. Uitgerust met deze tools zal je reis nog spannender en plezieriger worden, en kun je nieuwe plaatsen ontdekken en de lokale gemeenschap leren kennen zonder taalproblemen. Bereid je voor op onvergetelijke ervaringen en maak optimaal gebruik van moderne hulpmiddelen tijdens elke stap van je avontuur in Spaanssprekende landen. *¡Aprovecha al máximo tu viaje! (Benut je reis optimaal!)*

Apps om Spaans te leren voor op reis

In de huidige tijd is technologie een onschatbare hulp bij het leren van vreemde talen, waaronder Spaans. Bij het plannen van een reis naar een Spaanssprekend land is het de moeite waard om gebruik te maken van verschillende mobiele apps die je helpen om snel de basis van de taal onder de knie te krijgen en vrij te kunnen communiceren tijdens je reis. Hier zijn een paar populaire apps die de moeite waard zijn om te overwegen:

1. Duolingo

Duolingo is een van de meest populaire taalapps. Het biedt interactieve lessen die op een leuke en effectieve manier de basis van grammatica, woordenschat en uitspraak aanleren.

2. Babbel

Babbel is nog een populaire app die cursussen Spaans aanbiedt op verschillende niveaus. Je kunt leren via interactieve lessen en dialogen.

3. Memrise

Memrise is een app die gebruikmaakt van het herhaalprincipe om woorden en zinnen te onthouden. Het biedt een uitgebreide verzameling woorden en uitdrukkingen die je snel kunt leren dankzij het herhalingssysteem.

4. Rosetta Stone

Rosetta Stone is een geavanceerde taalapp die de

onderdompelingsmethode gebruikt om snel vloeiendheid in communicatie te bereiken.

5. HelloTalk

HelloTalk is een unieke app waarmee je in realtime kunt oefenen door gesprekken te voeren met moedertaalsprekers. Je kunt een taalpartner vinden die jouw taal wil leren terwijl jij Spaans leert.

6. Tandem

Tandem is een andere app waarmee je talen kunt leren door gesprekken met moedertaalsprekers. Je kunt een taaluitwisselingspartner vinden en taalvaardigheden uitwisselen.

7. Anki

Anki is een app voor het leren met behulp van flashcards. Je kunt je eigen Spaanse flashcards maken en ze regelmatig herhalen.

8. FluentU

FluentU is een platform dat authentiek videomateriaal gebruikt om Spaans te leren, zoals films, tv-shows en muziekvideo's.

9. SpanishDict

SpanishDict is een app om snel vertalingen, grammatica en uitspraak te controleren. Het is ideaal voor directe hulp tijdens je reis.

10. SpeakEasy

SpeakEasy is een app om basiszinnen en uitdrukkingen te leren die essentieel zijn tijdens het reizen. Hiermee kun je snel communiceren in verschillende situaties.

Sommige van deze apps zijn gratis, terwijl andere een abonnement vereisen. Het investeren in het leren van Spaans voor je reis is zeker de moeite waard. Kies de apps die het beste bij je behoeften en leerstijl passen, en je zult klaar zijn om vrij te communiceren in een Spaanstalige omgeving tijdens je avontuur in het buitenland.

Praktische websites en gidsen voor reizigers

In het tijdperk van het internet is reizen aanzienlijk gemakkelijker geworden dankzij de toegang tot praktische informatie, tips en online gidsen. Wanneer je een reis plant naar een Spaanssprekend land, is het de moeite waard om gebruik te maken van verschillende websites en gidsen die je kunnen helpen bij het plannen en organiseren van je reis. Hier zijn enkele nuttige bronnen:

1. TripAdvisor (www.tripadvisor.com)

TripAdvisor is een van de meest populaire websites waar reizigers hun mening delen over hotels, restaurants, toeristische attracties en andere plaatsen. Je kunt waardevolle tips van andere reizigers vinden.

2. Booking.com (www.booking.com)

Booking.com is een platform waarmee je accommodaties online kunt boeken. Je vindt er een breed scala aan hotels, hostels en appartementen op verschillende locaties.

3. Skyscanner (www.skyscanner.net)

Skyscanner is een zoekmachine voor vluchten waarmee je de prijzen van vliegtickets bij verschillende luchtvaartmaatschappijen kunt vergelijken en de goedkoopste verbindingen kunt vinden.

4. Lonely Planet (www.lonelyplanet.com)

Lonely Planet is een van de meest bekende reisgidsen die gedetailleerde informatie biedt over verschillende landen en steden, waaronder Spaanssprekende regio's.

5. Rough Guides (www.roughguides.com)

Rough Guides is een andere populaire reeks reisgidsen die uitgebreide informatie biedt over verschillende plaatsen over de hele wereld, waaronder Spanje en andere Spaanssprekende landen.

6. Spain.info (www.spain.info)

De website Spain.info is de officiële toeristische portal van Spanje, waar je informatie kunt vinden over belangrijke toeristische attracties, culturele evenementen en andere aspecten van reizen in Spanje.

7. WordReference (www.wordreference.com)

WordReference is een van de beste online woordenboeken en taalforums waar je vertalingen van woorden en zinnen vanuit het Spaans naar vele andere talen kunt vinden.

8. Wikitravel (www.wikitravel.org)

Wikitravel is een vrije reisencyclopedie waar je veel praktische informatie vindt over verschillende plaatsen over de hele wereld, waaronder Spaanssprekende landen en steden.

9. Spain–Holiday (www.spain–holiday.com)

Als je van plan bent om een appartement of huis te huren in Spanje, biedt deze website veel accommodatieopties in verschillende regio's van het land.

10. Eat Spain Up! (www.eatspainup.com)

Als je geïnteresseerd bent in de Spaanse keuken, is deze website een schat aan informatie over traditionele gerechten, lokale lekkernijen en de beste eetgelegenheden.

Het is goed om verschillende online bronnen en gidsen te gebruiken om uitgebreide informatie en tips te krijgen over reizen naar Spaanssprekende landen. Onthoud dat elke reiziger verschillende voorkeuren en behoeften heeft, dus kies de websites en gidsen die het beste bij je verwachtingen en reisplannen passen.

Woordenboeken en offline vertalers op je telefoon

Wanneer je naar een Spaanssprekend land reist, is het belangrijk om toegang te hebben tot een goede woordenboek- en vertaal-app die je zal helpen om te communiceren en de lokale taal te begrijpen. Dankzij geavanceerde technologie heb je tegenwoordig deze tools altijd bij de hand, zelfs zonder internetverbinding. Hier zijn enkele aanbevolen offline woordenboeken en vertalers voor je telefoon:

1. Duolingo

We hebben al over deze app gesproken in het kader van taalstudie. Deze app bevat echter ook een offline woordenboek- en vertaalfunctie. Je kunt de juiste taalpakketten downloaden voordat je op reis gaat en toegang hebben tot vertalingen zonder internetverbinding.

2. SpanishDict

SpanishDict is een van de beste apps voor het leren van de Spaanse taal. Je kunt een offline woordenboek downloaden met definities, vertalingen, voorbeeldzinnen en veel andere handige informatie.

3. Google Vertalen

De Google Vertalen-app biedt een offline functie waarmee je taalpakketten kunt downloaden en vertalingen kunt gebruiken zonder internetverbinding.

4. Dict.cc

Hoewel voornamelijk bekend als een Duits woordenboek, biedt Dict.cc ook vertalingen van en naar het Spaans. Je kunt een offline woordenboek downloaden en vertalingen gebruiken tijdens je reis.

5. Spanish English Translator

Deze app biedt vertalingen van het Spaans naar het Engels en vice versa. Je kunt een offline pakket downloaden en het gebruiken zonder internetverbinding.

6. Reverso

Reverso is een app die vertalingen, definities en voorbeeldgebruik van woorden en zinnen biedt. Je kunt een offline woordenboek downloaden en het gebruiken tijdens je reis.

7. iTranslate

iTranslate is een geavanceerde vertaal-app die vertalingen biedt van en naar veel talen, waaronder het Spaans. Je kunt een offline woordenboek downloaden en het gebruiken tijdens je reis.

Het is goed om verschillende woordenboeken en vertaal-apps op je telefoon te hebben, omdat verschillende apps verschillende functies bieden en verschillend vocabulaire bevatten. Het is ook handig om de juiste taalpakketten te downloaden voordat je op reis gaat, zodat je offline vertalingen kunt gebruiken. Met behulp van deze apps kun je tijdens je reis moeiteloos communiceren en je gemakkelijker oriënteren in een Spaanstalige omgeving.

Hoofdstuk 9: Zelfverzekerd reizen

Gefeliciteerd! Het is je gelukt om tot het einde van onze praktische gids "Spaans op reis" te komen. Ik hoop dat dit boek nuttig voor je was en je in staat heeft gesteld om vrijuit te communiceren tijdens je reizen naar Spaanstalige landen.

Tijdens het lezen van de gids heb je veel geleerd over basisbeleefdheidsvormen en begroetingsuitdrukkingen die essentieel zijn voor het leggen van eerste contacten met de inwoners van Spanje, Mexico, Colombia of andere Spaanstalige landen. Je hebt ook geleerd hoe je vragen kunt stellen over namen, herkomst en het doel van je reis, waardoor je interessante gesprekken kon voeren en nieuwe mensen beter kon leren kennen.

Bovendien heb je de vaardigheid verworven om eenvoudige antwoorden op vragen te begrijpen en korte uitspraken te doen over verschillende reisgerelateerde onderwerpen. Je hebt ook praktische zinnen en uitdrukkingen geleerd die van pas komen bij het reserveren van een hotelkamer, gebruik maken van het openbaar vervoer en het bestellen van maaltijden in restaurants.

Met behulp van deze gids heb je ook geleerd hoe je kaarten en navigatie kunt gebruiken in onbekende gebieden, openbare toiletten en andere voorzieningen kunt vinden, en hoe je kunt omgaan met verschillende noodsituaties tijdens je reizen.

Vergeet ook niet de praktische apps en offline woordenboeken op je telefoon, die je in staat stellen om moeiteloos te vertalen en de Spaanse taal te begrijpen tijdens je reis.

Ik hoop dat de vaardigheden die je hebt opgedaan je in staat stellen om volop te genieten van je reisavonturen in Spaanstalige landen en om boeiende en inspirerende relaties met de lokale bevolking aan te gaan. Ik wens je een succesvolle reis en veel geweldige ervaringen! *¡A disfrutar del viaje! (Geniet van de reis!)*